BEI GRIN MACHT SICH IHR WISSEN BEZAHLT

AF167016

- Wir veröffentlichen Ihre Hausarbeit,
  Bachelor- und Masterarbeit

- Ihr eigenes eBook und Buch -
  weltweit in allen wichtigen Shops

- Verdienen Sie an jedem Verkauf

Jetzt bei www.GRIN.com hochladen und kostenlos publizieren

Die religiöse Sozialisation. Kinder deuten das Kreuz

Else Gallert

GRIN

Bibliografische Information der Deutschen Nationalbibliothek:

Die Deutsche Nationalbibliothek verzeichnet diese Publikation in der Deutschen Nationalbibliografie; detaillierte bibliografische Daten sind im Internet über http://dnb.d-nb.de abrufbar.

ISBN: 9783346259752
Dieses Buch ist auch als E-Book erhältlich.

© GRIN Publishing GmbH
Nymphenburger Straße 86
80636 München

Druck und Bindung: Books on Demand GmbH, Norderstedt Germany
Gedruckt auf säurefreiem Papier aus verantwortungsvollen Quellen

Das vorliegende Werk wurde sorgfältig erarbeitet. Dennoch übernehmen Autoren und Verlag für die Richtigkeit von Angaben, Hinweisen, Links und Ratschlägen sowie eventuelle Druckfehler keine Haftung.

Das Buch bei GRIN: https://www.grin.com/document/933230

Inhaltsverzeichnis

Aus urheberrechtlichen Gründen ist der Anhang nicht Teil dieser Publikation

1.Einleitung

Das Thema meiner Hausarbeit ist *„Kinder deuten das Kreuz".* Meine Aufgabe
war es eine Feldforschung mit einem Kind oder Jugendlichen zu betreiben.
Im ersten Teil meiner Hausarbeit gebe ich den Theorieansatz von Erik H.
Erikson: *„Wachstum und Krisen der gesunden Persönlichkeit"* wieder.
Der zweite Teil umfasst die Beschreibung des Kindes und die Beziehung zu
ihm. Des weiteren habe ich die Rahmenbedingungen der Feldforschung
erläutert, um im nächsten Schritt meine Methode zu begründen.
Der dritte Teil der Hausarbeit umfasst meinen eigenen Interpretationsversuch
zur Feldforschung. In einem letzten Schritt gehe ich auf die Nachreflexion und
die Relevanz meiner Feldforschung für den Religionsunterricht ein.

2.Wiedergabe eines Theorieansatzes:
„Wachstum und Krisen der gesunden Persönlichkeit"

Der Theorieansatz, den ich in diesem Teil meiner Hausarbeit wiedergebe, ist :
„Wachstum und Krisen der gesunden Persönlichkeit" von Erik H. Erikson.

2.1.Zum Autor:

Erik H. Erikson wurde am 15.Juni 1902 bei Frankfurt am Main geboren und
starb am 12.Mai 1994 in Harwich,USA.
Erikson wurde als Kind dänischstämmiger Eltern geboren, die sich jedoch
schon vor seiner Geburt trennten. Nach Beendigung seiner Schulausbildung
kam er in Kontakt mit Anna Freud, Freud und der Psychoanalyse, die ihn von
Beginn an begeisterte. Schon bald veröffentliche er seine ersten
wissenschaftlichen Schriften.1933 wanderte er in die USA aus.
Bekannt wurde er insbesondere durch das von ihm entwickelte Stufenmodell
der psychosozialen Entwicklung.
Neben der Kinder- und Entwicklungspsychologie beschäftigte sich Erikson auch
mit Ethnologie und verfasste psychoanalytisch orientierte Biographien über
Martin Luther und Mahatma Gandhi.

2

2.2.Einleitung

Bei dem von Erikson entwickelten Stufenmodell der psychosozialen Entwicklung handelt es sich um eine Weiterentwicklung des Freudschen Modells psychosexueller Entwicklung.

Erikson geht davon aus, dass der Mensch im Laufe seines Lebens acht Entwicklungsphasen durchläuft, die in einem inneren Entwicklungsplan angelegt sind.

Dabei geht er vom so genannten „epigenetische Prinzip"[1] aus, das folgendes besagt: In jedem Menschen ist ein Grundplan angelegt, nach dem jedes Organ in ihm eine entscheidende Entwicklungsphase zu einer bestimmten Zeit durchläuft, bis alle Organe zusammen ein funktionierendes Ganzes bilden.

In jeder dieser Phasen des Entwicklungsmodells kommt es zu einer entwicklungsspezifischen Krise, deren Lösung den weiteren Entwicklungsweg bahnt.

Die Krise ist bei Erikson kein negativ geprägter Begriff, sondern ein Zustand, der konstruktiv gelöst zu einer Weiterentwicklung führt
Erikson definiert jede seiner Stufen über solch eine Krise. Mit „Krise" ist folglich eine neue Entscheidungssituation gemeint, die positive Entwicklungsmöglichkeit zu wählen. Wenn die Bewältigung der Krise gelingt, gewinnt der nach Identität strebende Mensch einen Zuwachs an innerer Einheit und Lebenskraft. Der Mensch kann immer in die nächste Stufe übergehen, gelingt der Übergang jedoch nicht ohne Probleme, drohen Beeinträchtigungen des gesamten weiteren Lebensweges. Somit enthält jede Stufe Chancen und Gefahren sowie die Möglichkeit, Verletzungen vorheriger Stufen zu heilen.
Die menschliche Entwicklung ist somit ein Prozess, der zwischen Stufen, Krisen und dem neuen Gleichgewicht wechselt, um immer reifere Stadien zu erreichen.
Diese acht psychosozialen Stufen, die ich nun darstellen möchte, veranschaulichen, dass Erikson Entwicklung vor allem als eins betrachtet hat: als lebenslangen Prozess.

---

[1] Erikson,Erik H.:Identität und Lebenszyklus,Siebte Auflage, Suhrkamp Verlag Frankfurt am Main 1981,S.57

2.3.Das Stufenmodell

2.3.1.Grundvertrauen gegen Grundmisstrauen (0 – 1 Jahr)

Das Gefühl des Grundvertrauens wird als ein

„Gefühl des Sich-Verlassen-Dürfens" 2, definiert und entwickelt sich in dieser ersten Lebensphase, dem ersten Lebensjahr, in der so genannten oralen Phase3 und ist, so Erikson, *„der Eckstein der gesunden Persönlichkeit"*4. Das Kind erlernt die einfachste und früheste Verhaltensweise: *„das Nehmen"*, und zwar nicht im Sinne des Sich- Beschaffens, sondern in dem des Gegeben- Bekommens und Annehmens.[5]

In erster Linie geht es in diesem Punkt also um die Bedürfnisbefriedigung des Kindes durch seine Bezugsperson. Werden dem Kind Forderungen nach körperlicher Nähe, Sicherheit, Geborgenheit, Nahrung verweigert, entwickelt es Ängste, da eine Erfüllung dieser Bedürfnisse lebenswichtig ist. Zum Anderen verinnerlicht es das Gefühl, seine Umwelt nicht beeinflussen zu können und ihr hilflos ausgeliefert zu sein (was im Säuglingsalter definitiv auch der Fall ist). Hier entsteht die Gefahr der Etablierung eines Grundmisstrauens. Dieses Grundmisstrauen herrscht vor, wenn das Zusammenspiel zwischen Mutter und Kind misslingt und das Kind seine Umwelt nicht als verlässlich erfahren kann.

Die Balance zwischen Vertrauen und Misstrauen ist besonders zu dieser Zeit einer schwierigen Bewährungsprobe ausgesetzt. Das Vertrauen des Kindes muss so stark sein, dass die teilweise Abwendung der Mutter das Misstrauen nicht überwiegen lässt.

---

[2]Erikson,Erik H.:Identität und Lebenszyklus,Siebte Auflage, Suhrkamp Verlag Frankfurt am Main 1981, S.62

[3]Erikson,Erik H.:Identität und Lebenszyklus,Siebte Auflage, Suhrkamp Verlag Frankfurt am Main 1981,S.64

[4]Erikson,Erik H.:Identität und Lebenszyklus,Siebte Auflage, Suhrkamp Verlag Frankfurt am Main 1981,S.64

[5]Erikson,Erik H.:Identität und Lebenszyklus,Siebte Auflage, Suhrkamp Verlag Frankfurt am Main 1981,S.65

2.3.2.Autonomie gegen Scham und Zweifel (2-3Jahre)

Diese Stufe entspricht der analen Phase bei Freud.

Die wichtigsten psychosozialen Faktoren dieser Phase sind das *„Festhalten"* und das *„Loslassen"*.[6] Der Schließmuskel des Kindes ist ausgebildet und kann vom Kind kontrolliert werden. Wird diese Autonomie des Kindes von den Eltern unterdrückt, äußert sich dies in Scham und Zweifel und künftig in einer stärkeren Selbstbezogenheit und einem gehinderten Interesse an der Außenwelt. Doch auch das völlig ungelenke Hinnehmen des Kinderwillens durch die Eltern birgt die Gefahr von frühen Zweifel durch den Verlust der Selbstkontrolle. Wird diese Stufe für das Kind positiv gemeistert, führt das zu einer willensstarken und selbstsicheren Persönlichkeit[7]

Erikson bezeichnet dieses Stadium als *„entscheidend für das Verhältnis zwischen Liebe und Hass, Bereitwilligkeit und Trotz, freier Selbstäußerung und Gedrücktheit".* [8]

2.3.3.Initiative gegen Schuldgefühle (4-5 Jahre)

Etwa ab dem vierten Lebensjahr beginnt die dritte Entwicklungsstufe. Nachdem das Kind in der zweiten Phase herausgefunden hat, dass es ein Ich ist, muss es nun herausfinden, was für ein Ich es werden will.[9] Große Bereitschaft zum Lernen und intensive Nutzung der Phantasie sind die Kennzeichen dieser Entwicklungsstufen. Das Kind beginnt mit einer systematischen Erkundung seines Körpers[10] und seiner Umwelt durch das Spielen, wobei die ersten erwachsenen Verhaltensweisen und Rollen erprobt werden, d.h. die Kinder haben schon eine Vorstellung was passieren wird, wenn sie etwas tun. Sie sind für ihr Handeln verantwortlich. Dieser Initiative steht das Schuldgefühl entgegen, das eintritt, wenn das Kind sich in seinen Handlungen verschätzt

---

[6]Erikson,Erik H.:Identität und Lebenszyklus,Siebte Auflage, Suhrkamp Verlag Frankfurt am Main
1981,S.76
[7]Erikson,Erik H.:Identität und Lebenszyklus,Siebte Auflage, Suhrkamp Verlag Frankfurt am Main
1981,S.78
[8]Erikson,Erik H.:Identität und Lebenszyklus,Siebte Auflage, Suhrkamp Verlag Frankfurt am Main
1981,S.78
[9]Erikson,Erik H.:Identität und Lebenszyklus,Siebte Auflage, Suhrkamp Verlag Frankfurt am Main
1981,S.87
[10]Erikson,Erik H.:Identität und Lebenszyklus,Siebte Auflage, Suhrkamp Verlag Frankfurt am Main
1981,S.89

oder übernommen hat. Die Ausgewogenheit zwischen Initiative und auftretendem Schuldgefühl bestimmt die weitere Entwicklung der Persönlichkeit. Überwiegt das Schulgefühl, wird der Mensch in seiner Handlungsbereitschaft gehemmt. Wird aber zu wenig Schuldgefühl erfahren, mündet das Verhalten in Rücksichtslosigkeit Eine gute Balance beider Erfahrungen führt zu einem zielstrebigen Charakter.

2.3.4.Werksinn gegen Minderwertigkeitsgefühl (6-13 Jahre)

Die vierte Stufe kann laut Erikson durch folgenden Satz charakterisiert *werden: „Ich bin, was ich lerne".*[11]

Die Kinder dieser Stufe wollen, dass man ihnen zeigt, wie sie sich mit etwas beschäftigen und wie sie mit anderen zusammen arbeiten können. Das Kind entwickelt einen *„Werksinn",* d.h., es lernt die Lust an der Vollendung eines Werkes durch Fleiß und anhaltende Aufmerksamkeit. *„ Die Gefahr dieses Stadiums ist die Entwicklung eines Gefühls von Unzulänglichkeit und Minderwertigkeit".*[12] Dieses Gefühl kann immer dann entstehen, wenn der Werksinn des Kindes überstrapaziert wird. Dies ist beispielsweise dann der Fall, wenn Eltern und Lehrer dem Kind Leistungen und Erfolge abverlangen, ohne auf Pausen, Abwechslung und das kindliche Tempo zu achten. Wie in den anderen Stufen auch, zeigt sich die optimale Bewältigung der Entwicklungskrise in der Ausgewogenheit der gemachten Erfahrungen, die in diesem Fall zu einem Gefühl von Kompetenz führt.

2.3.5.Identität gegen Identitätsdiffusion (13-18 Jahre)

In der fünften Stufe endet die Kindheit und es beginnt die Pubertät. Es handelt sich um ein Zwischenstadium, zwischen Kind und Erwachsenem. Krisenpotentiale bilden das rasche Körperwachstum und das Ausreifen der

---

[11]Erikson,Erik H.:Identität und Lebenszyklus,Siebte Auflage, Suhrkamp Verlag Frankfurt am Main 1981,S.98
[12]Erikson,Erik H.:Identität und Lebenszyklus,Siebte Auflage, Suhrkamp Verlag Frankfurt am Main 1981,S.103

physischen Geschlechtsreife des Jugendlichen.[13]

Sie zwingen ihn, seine bisherige soziale Rolle zu überdenken und sein Selbstbild mit dem Bild abzugleichen, das sich andere von ihm zu machen scheinen. Ziel ist das Wachsen einer Ich-Identität, die es ihm erlaubt, sich als in die Gesellschaft eingebettete und von ihr akzeptierte Persönlichkeit zu begreifen.[14]

Dabei orientiert sich der Jugendliche, im positiven Sinne, an modernen Idealen und Leitbildern, die er in sein, in der Kindheit gewonnenes Selbstgefühl, zu integrieren versucht. Der Gegensatz wäre die Identitätsdiffusion,[15] die durch Schwierigkeiten gekennzeichnet ist. Dabei handelt es sich beispielsweise um das Wegbleiben von der Schule oder dem Arbeitsplatz, unzulängliche Stimmungen oder Flucht in eine negative Pseudoidentität.[16]

2.3.6.Intimität und Distanzierung gegen Selbstbezogenheit (20-30Jahre)

Mit Erreichen der sechsten Stufe tritt der Mensch in das Stadium des Erwachsenenlebens ein. Es ist gekennzeichnet durch Intimität, die der Mensch mit anderen in Form von Freundschaft, Wettstreit, Liebe sucht und zu der er erst jetzt aufgrund seiner nun mehr gewonnen Identität befähigt ist.[17] Haben es Jugendliche geschafft, für sich und in sich einen Sinn zu finden, ist auch die Grundlage dafür entstanden, Gemeinsamkeit und Intimität mit anderen eingehen zu können. Gelingt es ihnen nicht, führt das zu Einsamkeit und Isolation.[18]

---

[13]S.Erikson,Erik H.:Identität und Lebenszyklus,Siebte Auflage, Suhrkamp Verlag Frankfurt am Main 1981,106
[14]Erikson,Erik H.:Identität und Lebenszyklus,Siebte Auflage, Suhrkamp Verlag Frankfurt am Main 1981,S.107
[15]Erikson,Erik H.:Identität und Lebenszyklus,Siebte Auflage, Suhrkamp Verlag Frankfurt am Main 1981,S.109
[16]Erikson,Erik H.:Identität und Lebenszyklus,Siebte Auflage, Suhrkamp Verlag Frankfurt am Main 1981,S.110
[17]Erikson,Erik H.:Identität und Lebenszyklus,Siebte Auflage, Suhrkamp Verlag Frankfurt am Main 1981,S.115
[18]Erikson,Erik H.:Identität und Lebenszyklus,Siebte Auflage, Suhrkamp Verlag Frankfurt am Main 1981,S.115

2.3.7.Generativität gegen Stagnierung (30-50 Jahre)

Erikson beschreibt mit dem Begriff „ *Generativität"* das Interesse an der Erzeugung und Erziehung der zukünftigen Generationen, d. h. eigene Kinder großzuziehen und sich um sie zu kümmern.[19] Erikson meint damit nicht nur eigene Kinder zu zeugen und für sie zu sorgen, er zählt dazu auch soziales Engagement. Mit „*Stagnation"* meint Erikson vor allem das übermächtige *„Gefühl von Stillstand und Verarmung in den zwischenmenschlichen Beziehungen."*[20] Daraus folgt die ausschließliche Orientierung an der Befriedigung der eigenen Interessen. Wird diese Stufe erfolgreich abgeschlossen, hat man die Fähigkeit zur Fürsorge erlangt, ohne sich selbst dabei aus den Augen zu verlieren.

2.3.8.Integrität gegen Verzweiflung und Ekel (60-80 Jahre)

Die letzte Entwicklungsstufe bringt die Erkenntnis, ob das Leben sinnvoll gelebt wurde oder besteht das Problem, in einem nicht wiederholbaren Leben, Entscheidendes versäumt zu haben. Letzteres und Angst vor dem Tode führt zu Verzweiflung. Eine solche Verzweiflung kann sich bei alten Menschen in einer Abscheu gegenüber der Welt, Ekel und Lebensüberdruss äußern, die auf ihrer Altersverzweiflung basiert.[21]

Wird der alte Mensch jedoch dem Tode ohne Furcht entgegensehen, sein Leben annehmen, mit Glück und Leid, erlangt er Weisheit und schließt diese Stufe erfolgreich ab.

---

[19]Erikson,Erik H.:Identität und Lebenszyklus,Siebte Auflage, Suhrkamp Verlag Frankfurt am Main 1981,S.117
[20]Erikson,Erik H.:Identität und Lebenszyklus,Siebte Auflage, Suhrkamp Verlag Frankfurt am Main 1981,S.118
[21]Erikson,Erik H.:Identität und Lebenszyklus,Siebte Auflage, Suhrkamp Verlag Frankfurt am Main 1981,S.119

2.4. Zur Verwendung in der Religionspädagogik

Nach Erikson entsteht Religion als Teil einer individuellen Charakterentfaltung im Leben. Sie beruht auf frühinfantilen Erlebnissen, der Gewissensbildung und der Identitätssuche in der Pubertät. Im Stufenmodell von Erikson sind Bezüge zur Religion festzustellen.

Folgende Stufen stellen besonders eine Verbindung zur Entwicklung menschlicher Religiösität dar. Diese sind:

a.)Stufe 1: „Grundvertrauen gegen Grundmisstrauen"

Die Quelle von Glaube und Hoffnung sieht Erikson durchweg im Grundvertrauen. Die Religion bietet den Grundkonflikten eine soziale Form mit Hilfe von Urbildern und Ritualen und schützt vor den Ängsten, die mit Konflikten verbunden sind. *„Das Vertrauen wird also zur Fähigkeit zu glauben- ein vitales Bedürfnis, für das der Mensch irgendeine institutionelle Bestätigung finden muss. Es scheint, dass die Religion die älteste und die dauerhafteste Institution ist, um der rituellen Wiederherstellung eines Vertrauensgefühls in der Form des Glaubens zu dienen."*[22]

Für bedeutsam hält Erikson dabei die Beziehung zwischen Kind und Mutter, die auf dem gegenseitigen Erkennen durch Gesicht und Namen beruht.

Religion erinnert Erikson an ein *„verlorenes Paradies"*[23] der Kindheit.

Dem Ursprung in der frühen Kindheit stellt Erikson die Idee der Reifung gegenüber: was als kindliches Grundvertrauen beginnt, reift zu einer Kombination von Glaube und Realismus.

b.) Stufe 5: „Identität gegen Identitätskonfusion"

Der Ideologiebegriff ist von großer Bedeutung für Eriksons Verständnis von Religion.

Nach Erikson ist der Jugendliche ideologiebedürftig. Er sucht nach Orientierung und Sinn. Religion spielt als eine Ideologie eine wichtige Rolle in der Adoleszenz. Seiner Meinung nach vermag nur die Religion an das frühe Gefühl

---

[22]Schweitzer,F.:Lebensgeschichte und Religion:Religiöse Entwicklung und Erziehung im Kindes- und Jugendalter, Gütersloh 1999,S.85
[23]Erikson,Erik H.:Identität und Lebenszyklus,Siebte Auflage, Suhrkamp Verlag Frankfurt am Main 1981,S.69

der Zuwendung eines anderen anzuknüpfen.

Rituale in der Gemeinschaft, beispielsweise das Abendmahl und eigene Rituale, wie zum Beispiel das Beten, geben Ausdrucksmöglichkeiten für die zu bewältigende Ideologiesuche.

3.Ausarbeitung zur Feldforschung: Kinder deuten das Kreuz

3.1.Beschreibung des Kindes

Der Name des beobachteten Mädchens ist Franzi Neumann. Zum Zeitpunkt der Feldforschung ist sie elf Jahre alt und im Dezember wird sie zwölf Jahre. Franzi wohnt in Karlsruhe und besucht dort die sechste Klasse des Dominikus- Gymnasium. Sie lebt mit ihrer Mutter, ihrem Vater und ihrer zwölf-jährigen Schwester in einem Mehrfamilienhaus.
Franzi geht sehr gerne zur Schule und ihr Lieblingsfach ist Mathematik.
In ihrer Freizeit spielt sie Geige, malt sehr gerne, lernt gerade intensiv das Einradfahren und hört Musikkasetten.
Am Tage der Feldforschung habe ich Franzi als ein schüchternes, etwas gehemmtes, aber freundliches und hilfsbereites Mädchen wahrgenommen.

3.2.Beziehung zum Kind

Franzi habe ich am Tag der Feldforschung das erste mal gesehen. Ihre Mutter kenne ich flüchtig aus unserer Kirchengemeinde (Matthäuskirche) in der Südweststadt in Karlsruhe.

3.3.Verfügbare Informationen zur religiösen Sozialisation in Familie und Kirchen

Franzi besucht jeden Freitag die Jungschar und sonntags den Kindergottesdienst in unserer Kirche. Ihre Eltern und ihre Schwester sind gläubige Menschen, die auch wie Franzi jeden Sonntag in die Kirche gehen.
Die Mutter von Franzi leitet eine kirchliche Kindergruppe, mit der sie kirchliche Musicals aufführt.

Ebenfalls anzutreffen ist Franzi und ihre Familie in der Gemeindefreizeit, die jedes Jahr im September in Bad Herrenalb stattfindet. Wie man sehen kann, ist Franzi sehr religiös sozialisiert.

3.4.Rahmenbedingungen der Feldforschung

Die Mutter und Franzi begrüßten mich um zehn Uhr morgens an ihrer Haustür. Nach der herzlichen Begrüßung führten mich beide in die Küche der Wohnung, wo sie mich baten am Küchentisch Platz zu nehmen.

Das Material, das Franzi benutzte, war ein weißes Din-A-4 Blatt und verschiedene Buntstifte.

Ich verwendete ein Aufnahmegerät, um ihre Gedanken und Äußerungen besser aufnehmen zu können und um mich ganz auf Franzi einzulassen, das ich auf den Tisch neben uns stellte.

Nach einem einleitenden Gespräch, erzählte ich Franzi von dem Sinn und Zweck dieses Seminarauftrages.

Bei meiner durchgeführten Interviewform handelte es sich um ein narratives Interview.

Das Kind hatte durch diese Form des Interviews die Möglichkeit, seine Gedanken frei zu äußern und sein Bild zu deuten,ohne von mir beeinflusst zu werden oder in eine bestimmte Richtung geleitet zu werden. Dadurch erhält man ein unverfälschtes Ergebnis. Ich habe mich nur in nachfragender Form in das Gespräch eingeschaltet, nachdem sie das Bild fertig gemalt hatte.

Das Ganze dauerte circa eine dreiviertel Stunde.

3.5.Begründung der benutzten Methode

Meine benutze Methode der Feldforschung ist das Malen eines Bildes.

Ich habe diese Methode gewählt, da das Malen etwas Bleibendes ist, das festgehalten wird für alle Zeiten. Die Kinder können das, was sie in diesem Moment fühlen und denken auf das Papier bringen und sich darstellend mitteilen.

Stärken dieser Methode sind:

Meiner Meinung nach gibt es bei dieser Methode zwei Möglichkeiten sich mitzuteilen. Erstens kann man zeichnerisch etwas darstellen, aber auch gleichzeitig sich verbal dazu äußern. Man kann ebenfalls anhand des Bildes erkennen, welche Dinge das Kind mit dem Bild verbindet, ob es erfreuliche oder eher traurige Sachen sind. Beispielsweise kann man das an der Wahl der Farben oder Motive erkennen.

Diese Methode eignet sich für Kinder und Jugendliche jedes Alters.

Schwächen dieser Methode sind:

Eine Schwäche könnte sein, dass beispielsweise nicht jedes Kind malen und somit nicht gut darstellen kann, wie das Kind es tatsächlich meint.

Außerdem können die Kinder einige Zeit später am Bild nichts mehr korrigieren.

Beim Reden könnten sie sich jederzeit verbessern und ihre Gedanken richtig stellen.

4.Eigener Interpretationsversuch

4.1.Interessante Phänomene und Deutungsversuche

Im Punkt 4.1. beschreibe ich unter anderem auch folgende Unterpunkte:

-Malgestaltung

-Welche kognitiven Elemente sind sichtbar?

-Wie deutet das Kind das Kreuz?

-Welches Wissen von biblischen Hintergründen ist erkennbar?

Franzi benutzte ein Din-A-4 Blatt und die benutzten Malstifte, waren Farbstifte. Das erstaunliche ist, dass sie bei der großen Farbauswahl nur vier verschiedene Farben benutzte. Diese Farben sind: dunkelbraun, schwarz, hellgrün und rot.

Franzi verwendete kein weiteres Material, wie beispielsweise Radiergummi oder Lineal.

Die dunkelbraune Farbe benutzt sie für die drei Kreuze und den Weg, der zu den Kreuzen führt.

Schwarz verwendet sie für die Umrandung des Berges und für die Umrandung des Weges wählt sie die Farbe rot.

Der Berg wurde von Franzi in der Farbe grün angemalt.

Der Rest des Blattes wurde nicht ausgemalt, sondern blieb weiß.

Die drei wesentlichen Merkmale des Bildes, die drei Kreuze, der Berg und der

Weg wurden sorgfältig umrandet.

Es ist eine einfache Maltechnik. Die drei Kreuze wurden mit brauner Farbe ausgemalt.

Das Gras auf dem Berg und der Weg wurden nicht ausgemalt, sondern schaffiert. Auf dem Weg kann ich sogar kleine Kieselsteine erkennen.

Franzi hat ganz einfach, schlicht und präzise die Grundlagen der Kreuzigung zeichnerisch dargestellt. Im Mittelpunkt des Bildes steht das mittlere Kreuz. Der Kern der Geschichte, das Wesentliche ist im Bild ersichtlich. Die drei Elemente sind die drei Kreuze, der Berg Golgota und der Leidensweg.

Jegliche Nebensächlichkeiten hat sie weggelassen. Mit Nebensächlichkeiten meine ich, dass sie beispielsweise keinen Himmel, keine Vögel, keine Blumen, keine Sonne oder Menschen gemalt hat. Ein wenig Leben zeigt sich jedoch in dem Gras, das sie auf dem Berg gemalt hat. Das Gras hat sie grün gemalt und grün ist die Farbe des neuen Lebens und der Hoffnung.

Das Bild spiegelt das Leiden und die Traurigkeit dieses Tages wieder.

Franzi hat absichtlich die Vögel, die Blumen und auch die Menschen weggelassen,denn für sie sind die drei Kreuze, vor allem das mittlere, sehr wichtig. Die Kreuze sind sehr düster, sehr groß und auch sehr dunkelbraun gemalt. Das mittlere Kreuz stellt das größte Kreuz dar und somit signalisiert sie seine Wichtigkeit für sie. Die braune Farbe ist eine Kombination zwischen roter und schwarzer Farbe. Rot symbolisiert den Geist und schwarz ist der letzte, rabenschwarze Weg oder Gang.

In ihrem Bild konzentriert sie sich auch auf den Leidensweg Jesu. Sie stellt ihn in den Vordergrund.

Es stellt sich die Frage, ob Franzi reproduktives Wissen oder produktives Wissen wiedergibt, das heißt, lebt sie diesen Glauben oder gibt sie nur wieder, was sie die ganzen Jahre in der Kirche und in ihrer Familie gelernt und gehört hat

Franzi lebt tatsächlich für ihren Glauben und mit ihrem Glauben.

Beispielsweise überträgt sie die Symbolik des Kreuzes auf ihr eigenes Leben.

Im Interview erzählte sie *folgendes: „Jesus ist für mich sozusagen, so wie eine Leitperson in meinem Leben oder so wie Verkehrsschilder"*[24].

---

[24]Zeile 18-Interview

Sie lässt sich von Jesus den Weg weisen und bittet ihn um Hilfe, wenn sie beispielsweise in Not ist. „...und dann hilft mir das halt, dass ich nicht gleich verzweifle oder so". [25] Franzi bezieht das Kreuz in ihre ganze Lebenswelt mit ein und für sie bedeutet das Kreuz etwas Positives und Erlösendes.

Das kann man auch symbolisch, an der Tatsache festmachen, dass sie im Bild alle Nebensächlichkeiten weggelassen hat.

Andere Kinder malen gerne eine lachende Sonne oder einen blauen Himmel, aber Franzi legt in ihrem Bild keinen Wert darauf. Dadurch erscheint das Bild für mich noch trauriger.

Auffallend ist auch der Weg, den sie gemalt hat. Der Weg hat eine braune Farbe mit einer roten Umrandung. Dieser Weg führt direkt zum mittleren Kreuz. Franzi weiß, dass Jesus am mittleren Kreuz gekreuzigt wurde. „Das mittlere Kreuz, da wurde Jesus gekreuzigt".

Die anderen zwei Kreuze stehen etwas abseits vom mittleren Kreuz und so kann man die Wichtigkeit für sie erkennen.

Für mich ist auch der Wegrand sehr auffällig. Franzi hat den Rand nicht in der braunen Farbe ausgemalt, wie den Rest des Weges, sondern hat sich die Mühe gemacht, die Umrandung rot zu malen. Rot ist die Farbe des Blutes. Damit verdeutlicht sie den Leidensweg zusätzlich. Es handelt sich um das Blut, das durch die Kreuzigung vergossen wurde.

Der Weg führt zum Kreuz und die rote Umrandung endet direkt am Kreuz. Der Weg ist relativ gerade gemalt, nur ein paar sehr kleine Biegungen sind zu sehen. Mit diesem direkten Weg symbolisiert sie ihren Weg, den direkten Weg zu Jesus. Sie setzt das Kreuz gleich mit Jesus.

Interessant ist meiner Meinung auch, dass der Rest des Blattes weiß ist. Der Weg zum Kreuz führt zum Tod und das Kreuz führt uns Menschen zu neuem Leben.

Somit symbolisiert der weiße Hintergrund das neue Leben und die Erlösung nach dem Tode. Es ist die Farbe der Auferstehung.

Affektive Elemente kann ich in diesem Bild, außer der Traurigkeit nicht festmachen.

Folgende kognitiven Elemente sind sichtbar:

---

[25]Zeile 23-Interview

An ihrem Bild kann man erkennen, dass Franzi die ganze Leidens- und Kreuzigungsgeschichte bis ins kleinste Detail weiß. Sie verdeutlicht es dadurch, dass sie die drei wichtigsten Elemente malt, die bei der Geschichte eine Rolle spielen. Auf dem Bild sieht man nicht ein Kreuz, sondern drei. Im Interview sagt sie ja auch, dass an den beiden anderen Kreuzen zwei Verbrecher gekreuzigt wurden: *„...und an den anderen beiden Kreuzen hingen, glaube ich, Verbrecher"*.[26]

Ein weiteres Element ist der Berg Golgota: *„der Berg und die Kreuzigungsstätte heißt Golgota".*[27]

Das dritte Element ist der Leidensweg. Darüber sagt sie folgendes: *„Auf dem Weg zur Kreuzigungsstätte musste Jesus sein Kreuz tragen".*[28]

Franzi gibt mir auch eine Antwort auf die Frage, wie sie das Kreuz deutet und welche Bedeutung es für sie hat. Sie sagt: *„Das Jesus für uns gestorben ist und uns unsere Schuld vergeben hat. Unsere Sünden wurden von Jesus aufgenommen"*[29].

Franzi zeigt in ihrem Bild, dass, sie über ein hohes Maß an biblischem Wissen verfügt und Glaubenszusammenhänge schon verinnerlicht hat.

4.2.Für die Feldforschung relevante Theorieansätze

Psychoanalytischer Ansatz: Erikson

Anhand der im ersten Teil meiner Arbeit beschriebenen Theorie von Erikson kann verdeutlicht werden welcher Stufe sich Franzi zuordnen lässt.

Nach Eriksons Phasenmodell befindet sich Franzi mit ihren elf Jahren in der vierten Stufe, die ich unter Punkt 2.3.4.erläutert habe. Typisches Element dieser Stufe ist die Entwicklung des Werksinns. Für das Kind ist es wichtig, sich mit etwas zu beschäftigen und mit anderen etwas zu tun. Diese Stufe kennzeichnet sich durch die Freude an der Vollendung eines Werkes durch Fleiß und anhaltende Aufmerksamkeit.

Franzi hat viele Hobbys, die sie sehr gerne und mit viel Leidenschaft ausübt, beispielsweise das Geigespielen. Ihre Mutter erzählte mir, dass ihr neues

---

[26]Zeile 4-Interview
[27]Zeile 7-Interview
[28]Zeile 8-Interview
[29]Zeile 15-Interview

Hobby, das Einradfahren viel Zeit in Anspruch nimmt und Franzi dafür viel Energie und Fleiß investiert.

An ihrem Bild kann man ebenfalls festmachen, dass Franzi das Wesentliche perfekt und mit Mühe dargestellt hat. Sie erklärte sich, obwohl sie mich vorher noch nie gesehen hatte, sofort bereit, mir ein Bild zu malen.

Der kognitive Ansatz Jean Piagets:

Der Entwicklungstheorie Piagets liegt die Überlegung zugrunde, dass wir die Welt nicht unmittelbar als solche wahrnehmen, denn unsere Erkenntnis von Wirklichkeit ist immer auch von einem subjektiven Ordnen, Verknüpfen, Interpretieren geprägt. Somit muss man immer von einer Konstruktion von Wirklichkeit sprechen.

Er befasste sich vor allem mit der Entwicklung der kognitiven Strukturen beim Kind sowie mit erkenntnistheoretischen Fragen.

Er geht davon aus, dass das Erkennen auf inneren Handlungen beruht und ebenso die Entwicklung des Erkennens auf sogenannten Operationen.

Piaget unterteilt die kognitive Entwicklung des Menschen in vier Phasen. Mit Altersangaben ist Piaget zurückhaltend. *„Für ihn handelt es sich bei folgender Entwicklungsfolge weder um einen reinen Reifungsprozess noch einfach um ein Lernen, sondern um einen interaktiven Prozess, der sowohl vom Organismus wie von der Umwelt abhängig ist."*[30]

Das sensomotorische Stadium ist das erste Stadium und betrifft das Denken beim Kleinkind. Es ist durch die Übung der angeborenen Reflexe gekennzeichnet.

Beim zweiten Stadium spricht man vom präoperationalen Denken beim Vorschulkind. In dieser Phase werden bestimmte Schemata beherrscht, aber oft falsch verknüpft.

Beim dritten Stadium spricht man vom konkret-operationalen Denken beim Grundschulkind. Das Denken ist auf konkrete anschauliche Erfahrungen beschränkt und noch nicht logisch, sondern intuitiv.

Die vierte Phase des formal-operationalen Denkens betrifft das Jugendalter ab circa zwölf Jahren. Sie ist charakterisiert durch den Erwerb der Fähigkeit zum logischen Denken.

---

[30]Schweitzer,F.:Lebensgeschichte und Religion:Religiöse Entwicklung und Erziehung im Kindes- und Jugendalter, Gütersloh 1999,S.110

Die einzelnen Stadien folgen aufeinander und ein Stadium muss durchlaufen sein, bevor das nächste folgen kann. Diese Stadien sind universell.[31] Franzi kann man dem vierten Stadium zuordnen. Sie ist zwar noch elf Jahre, doch die Fähigkeit zu logischen und abstraktem Denken ist vorhanden. Ebenso ist aus Franzis Anmerkungen ersichtlich, dass sie Schlussfolgerungen aus vorhandenen Informationen ziehen kann.

Symboltheoretischer Ansatz: Fetz

Er baut auf den Grundfesten Piagets auf und wendet sich der Frage des Weltbildes zu.

Es gibt drei Stufen der Symbolentwicklung bei Fetz:

Die Stufe archaischer Himmelsvorstellungen ist dadurch gekennzeichnet, dass das Weltbild des Kindes noch nicht von wissenschaftlichen Vorstellungen geprägt ist und es die Kugelgestalt der Erde noch nicht kennt.[32]

Das charakteristische der hybriden Stufe ist, dass das Kind das wissenschaftliche Weltbild und die religiöse Vorstellung vermengt.[33]

Die dritte Stufe wird die ausdifferenzierte Stufe genannt. Der Jugendlich ist in der Lage, das religiöse und wissenschaftliche Weltbild auseinander zu halten.[34]

Franzi habe ich am Tag der Feldforschung das erste mal gesehen und so habe ich eine gewisse Schwierigkeit, sie in die richtige Stufe einzuordnen, da ich sie kaum kenne und leider nicht viel von ihrem Gottesverständnis erfahren konnte.

Ich habe den Eindruck, dass sie in der Lage ist, Symbole zu erkennen und diese auch zu benutzen und so würde ich Franzi der ausdifferenzierten Stufe zuordnen.

---

[31]Schweitzer,F.:Lebensgeschichte und Religion:Religiöse Entwicklung und Erziehung im Kindes- und Jugendalter, Gütersloh 1999,S.110

[32]Fetz,R.L.:Die Entwicklung der Himmelssymbolik in Menschheitsgeschichte und individueller Entwicklunk.Ein Beitrag zur genetischen Semiologie,in:Zweig,A.(Hrsg.):Zur Entstehung von Symbolen,Bern 1985, S.131

[33]Fetz,R.L.:Die Entwicklung der Himmelssymbolik in Menschheitsgeschichte und individueller Entwicklunk.Ein Beitrag zur genetischen Semiologie,in:Zweig,A.(Hrsg.):Zur Entstehung von Symbolen,Bern 1985, S.134

[34]Fetz,R.L.:Die Entwicklung der Himmelssymbolik in Menschheitsgeschichte und individueller Entwicklunk.Ein Beitrag zur genetischen Semiologie,in:Zweig,A.(Hrsg.):Zur Entstehung von Symbolen,Bern 1985, S.143

4.3.Nachreflexion zur Feldforschung

Meine gewählte Methodenwahl hat sich für mich als positiv erwiesen. Franzi ist ein sehr schüchternes Kind, das in meiner Anwesenheit nicht so gerne geredet hat. Sie sagte zwar das Wesentliche, aber wie man am Interview erkennen konnte, musste ich ein paar mal nachfragen, denn sie stockte manchmal mit ihren Antworten.

Das Malen des Bildes fiel ihr leichter und einfacher, als das Reden. Sie malte,ohne ein Wort zu sagen. Das Interview führten wir erst nach dem Malen des Bildes.

Es gab auch Störfaktoren bei meiner Feldforschung. Franzi war schüchtern und etwas gehemmt. Durch ihre zurückhaltende und etwas reservierte Art war das Interview etwas mühselig und anstrengend.

Der Grund ihrer Schüchternheit war sicherlich, dass wir beide uns am Tag des Interviews zum ersten mal gesehen haben.

Ein weiterer Grund ihrer Hemmung war sicherlich auch das Aufnahmegerät, das ich neben uns auf den Tisch gestellt hatte. Während des Gesprächs sah sie mich kein einziges mal an, sondern schaute nur auf das Bild und konzentrierte sich auf ihr Sprechen.

Sicherlich wäre es besser gewesen, kein Aufnahmegerät aufzustellen, sondern mir Notizen zu machen, aber der Nachteil wäre gewesen, dass ich nicht jede Regung und Idee ihrerseits mitbekommen hätte.

Mir persönlich hätte es besser gefallen, diese Feldforschung nicht nur mit einem Kind durchzuführen, sondern einer kleinen Gruppe von vier bis fünf Kindern. Das Interview wäre sicherlich etwas lebhafter gewesen und es hätte einen regeren Austausch gegeben, mit vielen interessanten Meinungen und Anregungen.

4.4.Relevanz meiner Feldforschung für den RU

Ich finde, dass meine Feldforschung für den Religionsunterricht sehr relevant ist, denn ich habe einen Einblick in die Glaubensvorstellungen von Kindern bekommen, beispielsweise was ein Kind über das Thema „Kreuz" denkt, sagt, fühlt und was das Kind bewegt, wenn es darüber berichtet. Vor allem auch, was das Kind sieht, wie es etwas und was es beschreiben kann. Das ist wichtig für den Religionsunterricht, damit man einen Zugang zu den Kindern und Schülern bekommt. Außerdem, wenn Kinder ein Bild malen, kann man erkennen, inwieweit sie sich schon mit dem Thema auseinander gesetzt haben und wo noch Bedarf besteht, tiefer in das Thema einzusteigen.

5.Literaturverzeichnis

Erikson, Erik H. :Identität und Lebenszyklus, 7.Auflage, Suhrkamp Verlag, Frankfurt am Main 1981

Fetz, R. L. : Die Entwicklung der Himmelssymbolik in Menschheitsgeschichte und individueller Entwicklung. Ein Beitrag zur genetischen Semiologie; in: Zweig, A. (Hrsg.): Zur Entstehung von Symbolen, Bern 1985

Schweitzer, F.: Lebensgeschichte und Religion. Religiöse Entwicklung und Erziehung im Kindes- und Jugendalter, 4.Auflage, München 1999

BEI GRIN MACHT SICH IHR WISSEN BEZAHLT

- Wir veröffentlichen Ihre Hausarbeit,
  Bachelor- und Masterarbeit

- Ihr eigenes eBook und Buch -
  weltweit in allen wichtigen Shops

- Verdienen Sie an jedem Verkauf

Jetzt bei www.GRIN.com hochladen und kostenlos publizieren